Faculté de Droit de Toulouse.

ACTE PUBLIC

POUR LA LICENCE,

En exécution de l'art. 4, tit. 2, de la loi du 22 ventôse, an 12.

SOUTENU PAR

M. Sevin (Louis-Ferdinand de),

Né à Agen (Lot-et-Garonne).

JUS ROMANUM.

Lib. I, tit. II. — *De adoptionibus.*

Adoptio justè definitur : Actus legitimus quo in jus et locum filiorum familiàs adscessimus eos qui nobis extranei sunt in solatium eorum qui liberos non habent, inventus.

Fit autem adoptio, aut imperio magistratûs aut principali rescripto; quæ species adoptionis dicitur adrogatio. Magistratûs imperio adoptamus eos easve qui quæve in potestate parentum sunt. Per adrogationem verò adoptamus personas quæ sui juris sunt, id est pater familiâs.

Pater familiâs adrogatus adrogatoris potestati subjicitur; adoptatus autem filius familiâs in patris adoptivi familiam semper non transit; nam distinguendum est an datur in adoptionem extraneæ personæ aut conjunctæ, scilicet avo paterno aut materno. Pater familiâs adrogatus debet expressè consentire, sed contrà sufficit filium familiâs à patre naturali in adoptionem datum non contradicere.

Pater familiâs qui se adrogandum dat, non solùm semet ipsum, sed etiam liberos in potestate adrogatoris subjicit, tanquàm nepotes. Naturalis autem pater filium dare in adoptionem potest, nepotem verò in potestatem retinere; et vicissìm.

Adoptio naturam imitatur; debet itaque is qui sibi filium per adoptionem aut adrogationem facit, plena pubertate præcedere.

Et quoque non licet adoptare sub conditione et in diem. Ii tamen adoptare possunt qui generare non possunt, quales sunt spadones, castratis verò tantùm posteà licuit.

Feminæ quoque adoptare nequeunt, quia nec naturales liberos in potestatem habent. Sed ex indulgentià principis ad solatium liberorum amissorum adoptare possunt.

Et licet in locum nepotis adoptare quamvis filium quis non habeat. Sed si filium habet, eo casu filius consentire debet; dùm ex contrario si avus ex filio nepotem det in adoptionem, non est necessè filium consentire.

Neque adrogare neque adoptare quis absens nec per alium ejus modi solemnitatem peragere potest.

Adoptio non jura sanguinis, sed tantùm agnationis affert; hæc emancipatione tollitur agnatio.

CODE CIVIL.

Liv. III, Tit. 1er — *Des Successions* (art. 718 à 814).

Le mot succession exprime à la fois l'universalité des biens, droits et charges que laisse une personne décédée et la transmission de ces mêmes biens.

Les successions sont légitimes ou testamentaires, selon qu'elles sont transmises par la force de la loi ou par la volonté de l'homme.

On les divise encore en régulières et irrégulières. Les premières sont celles des descendans, ascendans et collatéraux : les secondes, celles des enfans naturels, du conjoint survivant et de l'état.

CHAPITRE PREMIER.

De l'ouverture des Successions et de la saisine des Héritiers.

Les successions ne s'ouvrent que par la mort naturelle ou civile. L'absence ne produit pas les mêmes résultats, ou ne les produit que très imparfaitement.

Mais comment constater l'heure, le moment de la mort naturelle? La loi ayant omis d'exiger la mention de ces circonstances dans les actes de décès, il ne resterait à cet égard que la preuve testimoniale. Quant à la mort civile, le code a exprimé à partir de quel moment elle est encourue.

L'art. 720 prévoit le cas où plusieurs personnes appelées à la succession les unes des autres, viennent à périr dans un même événement; leurs droits respectifs sont réglés d'après les circonstances du fait, à leur défaut par la force de l'âge ou du sexe.

L'héritier légitime est saisi de plein droit des biens de la succession.

Il n'en est pas de même à l'égard de l'enfant naturel, du conjoint ou de l'état ; la disposition qui les soumet à demander l'envoi en possession, leur ôte par ce principal effet de la saisine la faculté de transmettre. L'art. 1006 a établi une exception en faveur du légataire universel.

CHAPITRE II.

Des qualités requises pour succéder.

La première condition est d'être capable. On ne doit pas confondre l'incapacité avec l'indignité, l'une opère de plein droit, tandis que l'autre doit être prononcée.

Pour succéder, il faut exister ou du moins être conçu au moment de l'ouverture de la succession, de plus être né viable. Le mort civilement n'a pas capacité.

La loi du 14 juillet 1819 en abrogeant l'art. 726 a admis les étrangers au droit de succession en France.

Les causes d'indignité autrefois fort nombreuses ne sont plus aujourd'hui qu'au nombre de trois (art. 727). Remarquons en passant que la condamnation est de toute nécessité, car si l'assassin meurt avant l'arrêt, il ne meurt pas indigne. Du reste, les lettres de grâce, la prescription, ne peuvent éteindre l'indignité. Il est encore à remarquer que l'héritier mineur qui, parvenu à sa majorité, ne dénoncerait pas le meurtre qu'il aurait connu serait, aussi bien que le majeur, déclaré indigne, sauf toujours les exceptions énoncées dans l'art. 728.

L'indigne exclu de la succession, est assimilé au possesseur de mauvaise foi, il doit rendre les fruits par lui perçus. Cependant l'aliénation à titre onéreux qu'il aurait faite à un tiers de bonne foi devra être maintenue. Il est encore privé de l'usufruit que la loi accorde aux père et mère sur les biens de leurs enfans, dans le cas où ceux-ci viendraient à la succession de leur chef et sans le secours de la représentation.

CHAPITRE III.

Des divers ordres de successions.

SECTION PREMIÈRE.

DISPOSITIONS GÉNÉRALES.

Aujourd'hui on ne connaît plus en France, par rapport aux successions, qu'une seule espèce de biens. Ainsi a disparu la différence qu'avait établie la coutume entre les meubles et les immeubles, et il n'y a plus lieu à l'application de la maxime coutumière, *paterna, paternis; materna, maternis*. Les successions échues aux ascendans ou collatéraux, se divisent par portions égales entre les lignes paternelles et maternelles; et cette division une fois faite il ne se fait plus de subdivisions entre les diverses branches. La moitié dévolue à l'une ou l'autre branche, appartient à l'héritier le plus proche. Cette subdivision, qui était connue sous le nom de *refente*, était admise dans quelques coutumes. Quant à la proximité de parenté, elle s'établit par le nombre de générations; chaque génération s'appelle un degré.

SECTION 2.

De la représentation.

La représentation est une fiction de la loi dont l'effet est de faire entrer les représentans dans les droits qu'aurait eu le représenté, s'il eût survécu à l'ouverture de la succession.

En ligne directe descendante la représentation a lieu à l'infini; en ligne collatérale elle n'a lieu qu'en faveur des enfans et descendans, des frères et sœurs, elle n'a pas lieu en ligne directe ascendante.

Dans les cas où la représentation est admise, le partage s'opère par *souche*. Si une même souche a produit plusieurs branches, la subdivision se fait aussi par souche ; les membres de la même souche partagent entre eux par tête.

On ne représente pas les personnes vivantes.

SECTION 3.

Des Successions déférées aux descendans.

La loi nouvelle proclamant l'égalité des droits entre les enfans, a fait disparaître certaines différences que depuis long-temps la raison avait rejetées. Les enfans succèdent donc sans distinction de sexe, ni de primogéniture, et encore qu'ils soient issus de mariages différens.

La seule exception au principe d'égalité établi par notre code, est dans l'institution des majorats reconnue par l'art. 896.

SECTION 4.

Des Successions déférées aux ascendans.

Le partage égal a lieu entre les ascendans, lorsqu'il en existe dans les deux lignes. Ils excluent, dans celle à laquelle ils appartiennent, tous collatéraux autres que frères et sœurs ou descendans d'eux.

L'art. 747, un des plus importans de notre code, consacre une espèce de succession dite *anomale* et qui est aussi appelée droit de retour ou reversion. Ce droit de retour est légal, et il ne doit pas être confondu avec le retour conventionnel réglé par l'art. 951.

SECTION 5.

Des successions Collatérales.

Les frères, sœurs, consanguins ou autres, d'une personne morte sans postérité, ou leurs descendans, sont appelés à succéder à l'exclusion de tous ascendans autres que père et mère ; mais si les père et mère existent encore, ils n'y sont appelés que pour moitié. Si les frères et sœurs sont tous du même lit, le partage se fait entre eux par portions égales. Dans le cas contraire, on fait deux parts, l'une, pour la ligne paternelle ; l'autre, pour la ligne maternelle. Les germains prennent dans les deux à la fois, et les utérins ou consanguins chacun dans leur ligne seulement.

Les père et mère qui, aux termes de l'art. 753, doivent partager la succession avec les parens les plus proches de l'autre ligne, ont droit, en sus, à l'usufruit du tiers des biens auxquels ils ne succèdent pas en propriété.

Les parens au-delà du 12e degré ne succèdent pas.

CHAPITRE IV.

Des Succcessions Irrégulières.

L'enfant naturel n'a aucun droit sur les biens de ses père et mère, s'il n'a été légalement reconnu. Dans aucun cas, ce droit ne peut s'étendre aux biens des parens d'eux.

L'enfant naturel a droit à un tiers de portion héréditaire si ses père et mère laissent des enfans légitimes ; dans le cas contraire, et s'il y a des ascendans, frères, sœurs, ou descendans de frères et de sœurs, il a droit à moitié ; s'il n'y a ni l'un, ni l'autre, aux trois quarts ; enfin, au tout, s'il ne reste pas de parens au degré successible, ce droit est réel. *Jus in re*, c'est-à-dire qu'il pèse sur la portion due à l'enfant naturel,

Par une sorte de représentation les enfans ou descendans peuvent réclamer ces mêmes droits, pourvu toutefois qu'ils soient légitimes (et non légitimés).

L'art. 760 soumet l'enfant naturel à imputer sur ce qu'il a droit de prétendre, tout ce qu'il a reçu du défunt. Il n'était pas juste, en effet, que sa condition pût en aucun cas être plus favorable que celle de l'enfant légitime; du reste, il peut exiger des héritiers légitimes, avec lesquels il concourt, le rapport de ce qu'ils ont reçu.

Les droits de l'enfant naturel peuvent être restreints : mais seulement dans le cas de l'art. 61, qui lui interdit toute réclamation, lorsqu'il a reçu du vivant de ses père et mère la moitié de ce qui lui est attribué par une des dispositions précédentes, avec déclaration que leur intention est de le réduire à la portion qu'ils lui ont assignée.

Tout ce que nous avons dit ci-dessus, pour l'enfant naturel, n'est nullement applicable à l'enfant adultérin ou incestueux ; la loi ne lui accorde que de simples alimens, qu'il ne peut même plus demander si ses père et mère lui ont fait apprendre un art mécanique.

Revenons. Si l'enfant naturel meurt sans postérité, sa succession est dévolue à ses père et mère qui l'ont reconnu ; en cas de prédécès de ceux-ci, les biens qu'il en a reçus retournent aux frères et sœurs légitimes. Tous les autres passent aux frères et sœurs naturels.

SECTION 2.

Des droits du Conjoint survivant et de l'Etat.

Lorsque le défunt ne laisse ni parens au degré successible, ni enfans naturels, ses biens appartiennent au conjoint survivant, même séparé de corps ; à son défaut, la succession est acquise à l'état. Mais, ni le conjoint, ni l'état, ne sont de plein droit saisis de la succession, ils doivent remplir des formalités, certains d'entre eux donner même des garanties que prescrivait l'intérêt des héritiers légitimes qui pourraient se représenter, et ce n'est qu'au bout de 30 ans que la propriété leur est irrévocablement acquise.

CHAPITRE V.

De l'Acceptation et de la Répudiation des Successions.

SECTION 1re

De l'Acceptation.

Tout individu à qui une succession est échue, est maître de l'accepter ou de la répudier, suivant cette ancienne règle : *n'est héritier qui ne veut.* En outre, l'acceptation peut être pure et simple ou sous bénéfice d'inventaire; mais l'acceptation pure et simple d'une succession pouvant être une aliénation indirecte de ses propres biens, ceux-là seuls peuvent l'accepter qui ont la capacité d'aliéner. Ainsi, les femmes mariées, les mineurs même émancipés, les interdits et ceux qui ont été pourvus d'un conseil judiciaire, ne le peuvent que conformément aux art. 217, 219, 461, 499, 509, 513.

L'effet de l'acceptation remonte au jour de l'ouverture de la succession, d'après les conséquences de cette règle; *la mort saisit le vif.* L'acceptation pure et simple ne se présume pas. Elle ne résulterait pas même d'une déclaration verbale; il est nécessaire qu'elle soit consignée dans un acte authentique ou privé. C'est l'acceptation *expresse.* L'acceptation peut encore résulter d'actes, qui, de la part de l'héritier, supposent nécessairement l'intention d'accepter; elle prend, dans ce cas, le nom de *tacite*; mais des actes purement conservatoires ou de surveillance n'entraîneraient pas acceptation.

Les héritiers d'un individu auquel une succession est échue, ont la faculté de l'accepter ou de la répudier de leur chef ; s'ils ne sont pas d'accord, ils sont au contraire obligés de l'accepter sous bénéfice d'inventaire. Cette dérogation à l'art. 775 est fondée sur ce que l'acceptation qu'aurait pu faire le défunt était indivisible.

L'acceptation une fois faite est irrévocable, à moins qu'elle ne soit le résultat du dol ou de la violence. Le prétexte de lésion ne peut être admis que dans le cas où la découverte d'un testament inconnu réduirait l'héritage de plus de moitié; et les mineurs ou interdits ne sont pas plus que le majeur, recevables à la révocation d'une acceptation même irrégulièrement faite.

SECTION 2.

De la renonciation aux Successions.

Tant que l'héritier n'a pas renoncé à la succession, il est considéré comme acceptant, et tous ceux qui ont des droits à réclamer peuvent s'adresser à lui comme au successeur du défunt. Sa renonciation au surplus n'est valable que dans la forme de l'art. 784 C. civ., et 997 C. de proc., et lorsqu'il a capacité d'aliéner. Ceux qui prennent sa place, suivant la règle des successions, sont présumés avoir la saisine, et la part du renonçant accroît à ses cohéritiers et même malgré eux, la raison en est que le défunt ne peut pas être représenté en partie.

D'après les principes de la représentation ci-dessus exposés, il est évident qu'un héritier, qui par la renonciation a épuisé son droit, ne peut pas être représenté.

En thèse générale la renonciation est irrévocable. L'art. 788 consacre néanmoins une exception à ce principe, en faveur du créancier au préjudice duquel a été faite cette renonciation.

La faculté d'accepter ou de répudier une succession se prescrit par 30 ans. On a interprété bien diversement cet article Pour nous, nous pensons avec un auteur recommandable, qu'après 30 ans l'héritier perd toute espèce de droit à la succession, qu'il devient enfin totalement étranger à ses biens comme à ses charges.

L'art. 790 est encore une exception au principe de l'irrévocabilité de la renonciation. Il donne à l'héritier qui a renoncé la faculté d'accepter encore, pourvu que la prescription ne soit pas acquise contre lui, et que d'autres héritiers n'aient pas accepté dans l'intervalle.

On ne peut même par contrat de mariage renoncer à la succession d'un homme vivant; ces pactes autrefois permis, furent d'abord défendus par la loi du 17 nivôse an II, et en second lieu par notre C. 791.

Pour peu que l'habile à succéder se soit immiscé dans la sucession dans des vues d'intérêt personnel, il est déchu du droit de renoncer; à combien plus forte raison doit-il en être ainsi lorsqu'il a voulu s'emparer frauduleusement d'objets qui en dépendent. Il perd, même dans ce cas, tout droit sur ces objets, s'il a des cohéritiers; s'il n'en a pas, il est réputé héritier pur et simple.

SECTION 3.

Du bénéfice d'inventaire, de ses effets et des obligations de l'héritier bénéficiaire.

La déclaration d'un héritier, qu'il entend ne prendre cette qualité que sous bénéfice d'inventaire, doit être faite au greffe du tribunal de première instance, dans l'arrondissement duquel la succession s'est ouverte. L'effet du bénéfice d'inventaire est de donner à l'héritier l'avantage de n'être tenu des dettes, que jusqu'à concurrence des biens qu'il a recueillis et de ne pas confondre ses biens personnels, avec ceux de la succession; mais pour conserver ces avantages, il doit, dans les 3 mois de l'ouverture, faire un inventaire fidèle et exact des biens à lui échus, après cela la loi lui accorde pour accepter ou renoncer un délai de 40 jours, qui commence à courir de celui de la clôture de l'inventaire. Jusqu'à l'expiration des 3 mois pour faire inventaire et 40 jours pour délibérer; l'héritier ne peut être contraint à prendre qualité; il lui est même permis de faire certains actes avec l'autorisation de la justice, et sans qu'on puisse induire de sa part une acceptation.

Du reste, ni l'un ni l'autre de ces délais n'est fatal, l'héritier peut en demander la prorogation, s'ils sont insuffisans; et même après l'expiration des nouveaux qui lui auraient été accordés, il n'est pas déchu de la faculté de faire inventaire et de se porter héritier bénéficiaire, si d'ailleurs il n'a pas fait acte d'héritier, ou qu'il n'existe pas contre lui de jugement passé en force de chose jugée et qui le condamne en qualité d'héritier pur et simple.

L'héritier bénéficiaire peut prendre, comme nous l'avons déjà dit, certaines mesures conservatoires dans l'intérêt de tous. Il peut même, suivant les formalités prescrites, aliéner les meubles et les immeubles de la succession. La loi le soumet toutefois à donner caution pour la valeur du mobilier et le prix des immeubles, si les intéressés l'exigent.

S'il y a des créanciers opposans, il ne doit les payer que dans l'ordre et la manière réglée par le juge. Sinon, il les paie à mesure qu'ils se présentent. Les créanciers non opposans qui ne se présenteraient qu'après l'apurement du compte, et le paiement du réliquat, n'auraient de recours à exercer que contre les légataires.

L'héritier bénéficiaire n'est tenu que des *fautes graves* dans l'administration dont il est chargé.

SECTION 4.

Des successions vacantes.

Une succession est réputée vacante lorsqu'après l'expiration des délais pour faire inventaire et délibérer, il n'y a pas d'héritier connu ou que les héritiers connus y ont renoncé. Elle est en deshérence lorsqu'il est constaté qu'il n'existe pas de parens au degré successible et qu'elle est ainsi dévolue à l'état.

Mais la vacance d'une succession ne doit pas empêcher l'exercice des actions que les tiers peuvent avoir contre elle ; son administration est donc confiée à un curateur dont la nomination est provoquée par toute personne intéressée, ou par le procureur du roi dans l'intérêt de tous.

Le curateur n'est qu'administrateur, il ne peut conséquemment pas faire des aliénations hors des limites qui lui sont assignées. On voit que suivant l'art. 813, il doit verser le numéraire dans la caisse de la régie ; un avis du conseil d'état y avait substitué celle d'amortissement : c'est aujourd'hui dans la caisse des dépôts et consignations que doit être opéré le versement, d'après la loi du 20 avril 1816 et l'ordonnance du 22 mai suivant.

Sont au surplus communes aux curateurs à successions vacantes, les dispositions de la section 3, sur les formes de l'inventaire, sur le mode d'administration et sur les comptes à rendre de la part de l'héritier bénéficiaire.

CODE DE PROCEDURE CIVILE.

Liv, 2, Tit. 19.

Des réglemens de Juges.

Il y a lieu au réglement de juges lorsque un même différend a été porté devant deux tribunaux à la fois, ou, en d'autres termes, lorsqu'il y a conflit de juridiction. Le conflit peut être positif ou négatif ; positif, quand deux tribunaux veulent retenir une cause, et négatif, lorsqu'ils refusent d'y statuer. C'est pour éviter une contrariété de jugement que la loi a établi le réglement de juges. Ainsi, si un différend est porté à deux tribunaux de paix, le réglement de juge sera porté au tribunal dont ils ressortent; s'ils relèvent de tribunaux différens, il sera porté à la cour royale. Si ces tribunaux ne ressortent pas de la même cour royale, le réglement sera porté à la cour de cassation. On suivra la même règle dans le cas où l'affaire serait portée à deux tribunaux de première instance, etc.

Cette demande peut être formée par l'une et l'autre partie; celui qui veut l'intenter présente une requête à la cour royale compétente, par laquelle, après avoir exposé les demandes formées dans les deux tribunaux de son ressort, il demande permission de faire assigner par devant elle son adversaire en réglement de juges. La communication au ministère public est de rigueur, art. 83.

L'arrêt doit être signifié dans la quinzaine de sa date aux parties au domicile de leur avoué, avec assignation de comparaître dans les délais ordinaires, sous peine, pour le demandeur, de se voir déchu du réglement de juges. Cette déchéance n'aura pas besoin d'être prononcée, et les poursuites pourront être continuées, par le tribunal saisi par le défendeur en réglement. Le demandeur qui aura succombé, pourra être condamné aux dommages et intérêts envers les autres parties, mais il paraît qu'il ne peut guère y avoir lieu que lorsque le sursis autorisé par l'art. 364 a été ordonné.

CODE DE COMMERCE.

CHAPITRE III.

De la nomination du juge commissaire et des agens de la faillite.

Par le même jugement qui ordonne l'apposition des scellés, le tribunal de commerce doit nommer un de ses membres commissaire de la faillite, et un ou plusieurs agens pour remplir, sous la surveillance du commissaire, les fonctions que la loi leur attribue. L'établissement du commissaire de la faillite, membre du tribunal, est d'institution nouvelle. Les fonctions de ce magistrat, qui sont très importantes et très multipliées, consistent principalement à faire le rapport des contestations que peut faire naître la faillite, a accélérer la confection du bilan et la convocation des créanciers, enfin à surveiller l'entière gestion de la faillite.

Par le même jugement qui prescrit les dispositions précédentes, le tribunal doit ordonner, ou le dépôt de la personne du failli dans la maison d'arrêt pour dettes, ou la garde de sa personne par un officier de police ou de justice ou par un gendarme, et il ne pourra, en cet état, être reçu contre lui, d'*écrou* ni de *recommandation*, en vertu d'aucun jugement du tribunal de commerce.

Le tribunal de commerce est libre dans le choix des agens, mais comme les fonctions d'agent sont salariées lorsqu'elles sont remplies par des individus non créanciers, le législateur n'a pas voulu dans ce cas que la même personne pût être nommée deux fois dans le courant d'une année, afin d'éviter qu'on pût en faire un objet de spéculation.

Les agens n'étant que les mandataires, sont révocables par le tribunal qui les a nommés.

Ils doivent avant tout prêter serment, devant le commissaire, de bien remplir les fonctions qui leur sont attribuées; ils sont chargés de gérer la faillite, sous la surveillance du juge commissaire jusqu'à la nomination des syndics; leur gestion provisoire ne peut durer que quinze jours, à moins que le tribunal ne trouve nécessaire de prolonger cette agence de quinze autres jours pour tout délai.

CHAPITRE IV.

Des fonctions préalables des agens et des premières dispositions à l'égard du failli.

Le premier soin des agens lorsqu'ils entrent en fonctions, doit être de s'informer si les scellés ont été apposés sur les effets du failli. Si cette formalité n'a pas été remplie, ils doivent sans délais requérir le juge de paix d'y procéder. Les livres du failli seront extraits des scellés, et remis par le juge de paix aux agens, après avoir été arrêtés par lui. Il constatera sommairement, dans son procès-verbal, l'état dans lequel ils se trouvent. Les effets du portefeuille qui seront à courte échéance ou susceptibles d'acceptation, seront aussi extraits des scellés par le juge de paix, décrits et remis aux agens pour en faire le recouvrement. Le bordereau en sera remis au commissaire. Les agens ont encore le pouvoir de recevoir les autres sommes dues au failli ; mais leurs quittances ne sont valables que quand elles sont visées par le commissaire. Les lettres adressées au failli doivent être remises aux agens. Ils les ouvrent si le failli est absent, s'il est présent il assiste à leur ouverture.

Ils pourront après avoir exposé leurs motifs au juge commissaire et obtenu son autorisation, faire vendre les marchandises sujettes à dépérissement prochain; mais les marchandises non dépérissables ne pourront être vendues qu'avec la permission du tribunal et sur le rapport du commissaire. Les agens doivent verser toutes les sommes qu'ils reçoivent dans une caisse à double serrure. (V. l'art. 496.)

A compter de leur entrée en fonctions les agens doivent faire tous les actes nécessaires pour la conservation des droits de la masse des créanciers sur les biens de leur débiteur. Ils sont donc tenus de prendre inscription sur les immeubles du failli. Si ce dernier a des titres ou des créances hypothéquées, ils sont tenus également de requérir l'inscription aux hypothèques sur les immeubles des débiteurs du failli, si elle n'a déjà été prise par ce dernier.

Après l'apposition des scellés, le commissaire rendra compte de l'état apparent des affaires du failli, et pourra en même temps proposer ou sa mise en liberté pure et simple, avec *sauf conduit* provisoire, ou sa mise en liberté avec *sauf conduit*, en fournissant caution de se représenter. A défaut par le commissaire de proposer le *sauf conduit*, le failli pourrait adresser sa demande au tribunal de commerce, qui statuerait après avoir entendu le commissaire. Ce sauf conduit provisoire, s'il est accordé, suspend l'exercice de toutes les contraintes par corps et procure au failli sa mise en liberté quand même il serait déjà détenu pour dette au moment de l'ouverture de la faillite.

Lorsque le failli a obtenu un sauf conduit, il est dès cet instant à la disposition des agens qui l'appellent auprès d'eux pour clore et arrêter les livres en sa présence. Si néanmoins des empêchemens ne lui permettent pas de se présenter, il doit en donner connaissance au juge commissaire qui, s'il les juge valables, peut l'autoriser à comparaître par un fondé de pouvoir. Si le failli ne défère pas à l'invitation des agens, ceux-ci doivent lui faire signifier un acte régulier pour le sommer de comparaître, et s'il ne comparaît pas dans les 48 heures, il sera réputé s'être absenté à dessein et pourra être poursuivi comme banqueroutier frauduleux.

Lorsqu'il n'a pas reçu de sauf conduit, il est autorisé à comparaître par un fondé de pouvoir. S'il ne se fait pas représenter, il est réputé s'être absenté à dessein et peut être poursuivi comme banqueroutier simple.

CHAPITRE V.

Du Bilan.

Le bilan qui est l'état actif et passif des affaires du failli, permet de discerner s'il y a réellement faillite ou seulement suspension de paiement. Il sert à fixer le caractère de la faillite, indique les créanciers, rend facile la vérification des créances; enfin c'est de sa sincérité que dépend souvent le sort du failli. La loi prescrit au failli de rédiger lui-même son bilan. Qui peut en effet mieux que lui connaître ses affaires et expliquer les circonstances qui pourraient paraître défavorables? Le bilan peut être fait soit avant la déclaration de faillite, soit après la nomination des agens. Dans le premier cas, le failli doit le leur remettre dans les 24 heures de leur entrée en fonctions; dans le second, il doit le dresser de concert avec eux, à cet effet ses livres et papiers lui seront communiqués sans déplacement.

Le bilan qui doit contenir l'énumération et l'évaluation de tous les effets mobiliers et immobiliers, le tableau des profits et des pertes et celui des dépenses, sera certifié véritable, daté et signé par le débiteur.

Le code règle ensuite les formalités à suivre lorsque le bilan n'a été rédigé, ni par le failli, ni par son fondé de pouvoir; lorsque le failli est absent ou lorsque étant présent il refuse de travailler à sa rédaction. Enfin lorsqu'il vient à décéder après l'ouverture de la faillite.

Cet Acte sera soutenu le 14 mars 1835, dans une des salles de la Faculté.

Vu par le Président de la Thèse,
FERRADOU.

Toulouse, Imprimerie de Marie ESCUDIER, Rue Saint-Rome, n° 26.

www.ingramcontent.com/pod-product-compliance
Lightning Source LLC
LaVergne TN
LVHW010016230826
846092LV00002B/856
* 9 7 8 2 0 1 9 9 9 4 9 1 4 *